Couvertures supérieure et inférieure manquantes

LA CHUTE

ET LE

RELÈVEMENT DE LA LORRAINE

PAR

M. DUVERNOY

PROFESSEUR D'HISTOIRE AU LYCÉE DE NANCY

DISCOURS DE RÉCEPTION A L'ACADÉMIE DE STANISLAS

(Séance publique du 29 mai 1879)

NANCY

IMPRIMERIE BERGER-LEVRAULT ET Cⁱᵉ

11, RUE JEAN-LAMOUR, 11

1879

LA CHUTE

ET LE

RELÈVEMENT DE LA LORRAINE

DISCOURS DE RÉCEPTION

Messieurs,

Si jamais candidat eut besoin de toute votre indulgence, lorsqu'il osa solliciter vos suffrages, et s'il dut être pénétré de reconnaissance lorsque vous daignâtes les lui accorder, c'est celui qui a l'honneur, en ce moment, de prendre la parole devant vous. D'autres peuvent se prévaloir des titres écrits les plus sérieux. Les uns vous font hommage de recherches historiques ou littéraires, de travaux linguistiques qui eussent honoré des bénédictins, ou bien de dissertations savantes sur l'ancien droit de ce pays. Les autres ont fouillé le vaste champ de l'archéologie lorraine, sans cesse remué, jamais épuisé. D'autres, par leurs analyses délicates, ont constaté des faits nouveaux, et attaché leurs noms à des découvertes qui enrichissaient la science. Quelques-uns ont charmé par leurs œuvres, où l'idéal se mêlait au vrai pour le rehausser et l'embellir, les yeux ou les oreilles d'un public connaisseur et difficile. Mais moi, que pouvais-je invoquer, Messieurs, que mes trente années de professorat, dont vingt-six accomplies dans votre belle cité, et un enseignement, utile sans doute, mais modeste, renfermé dans l'enceinte silencieuse de notre lycée et dans le cadre étroit de nos programmes classiques? Aussi, jamais je n'aurais porté mes regards vers l'Académie, si quelques-uns d'entre vous, qui veulent bien m'honorer de leur bienveillance, ne m'avaient encouragé à poser ma candidature. Vous avez couvert mon insuffisance du manteau de votre indulgence. J'en suis confus, Messieurs ; mais une pensée me rassure : cet honneur que vous me conférez, ce n'est pas à moi seul qu'il s'adresse ; il s'adresse surtout à la famille universitaire dont je fais partie, à ce lycée de Nancy qui représente dans cette contrée notre glorieux enseignement national ; qui forme les jeunes générations lorraines par le culte assidu du vrai, du beau, du bien, et qui prépare au pays des serviteurs d'un mérite solide et d'un patriotisme éprouvé. Vous vous êtes toujours plu à nouer avec cette maison des relations d'une sympathique cordialité, en appelant à vous quelques-uns de ses enfants. Tels ont été, pour ne citer que mes contemporains, MM. Forthomme, Duchesne, Lefebvre, Hémardinquer : Hémardinquer, que je puis appeler mon prédécesseur (bien qu'on ne se remplace pas à ces siéges académiques), tant mon élection a suivi de près sa perte vivement sentie; Hémardinquer, auquel votre vénérable doyen et votre secrétaire annuel rendaient, il y a quatre ans, un si éclatant hommage. C'est à ces compagnons aimés de mes travaux que je dois l'honneur de siéger à vos côtés : ils m'ont ouvert la voie et m'ont servi de caution ; leur présence ou leur souvenir, qui tous deux vous sont chers, ont plaidé en ma faveur.

Messieurs, dans notre enseignement, qui est notre sacerdoce, s'il est une conviction que nous ayons toujours cherché, que nous cherchions plus que jamais à mettre au cœur de notre jeunesse, c'est la foi, une foi profonde, inébranlable dans l'avenir de la France. Et en cela nous sommes d'accord avec le pays tout entier. Fonctionnaires ou simples citoyens, ministres des autels ou soldats, magistrats ou savants, citadins ou paysans, vieux ou jeunes, tous, à quelque degré de l'échelle sociale que nous soyons placés, dites-le-moi, que voulons-nous, sinon le relèvement de notre chère et malheureuse patrie? Mais, pour mieux le vouloir, pour mieux y travailler surtout, il est bon de l'espérer, de l'attendre avec confiance, d'y croire de cette foi qui double les forces et qui porte aux actions viriles. Pour nous donner cette sainte confiance, pour la cultiver dans nos âmes, il peut servir de chercher dans l'histoire des exemples de ces relèvements, et de les contempler, afin de nous convaincre que ces relèvements sont possibles ; afin d'apprendre aussi, par les leçons du passé, par quels moyens et à quel prix ils s'obtiennent.

J'ai cherché dans votre histoire, Messieurs, je veux dire celle de la Lorraine. Sans doute, j'aurais pu prendre l'immortelle épopée de Jeanne d'Arc, l'héroïne commune de la Lorraine et de la France, et vous rappeler Orléans sauvé, Charles VII mené à Reims, la France tirée de l'abime, rendue à elle-même, préparée pour des jours meilleurs et pour les plus glorieuses destinées. J'ai mieux aimé choisir plus près de nous, dans des conditions plus semblables, moins épiques, et, pour ainsi dire, plus humaines, et prendre, pour l'étudier, un fait de votre histoire locale. Il y eut, au dix-septième siècle, une époque douloureuse, où la Lorraine, terrassée, à l'agonie, mourante, fut, comme la France de 1428, de 1793, de 1870, sur le point de périr ; et pourtant elle se releva, rajeunie et plus belle, étonnant le monde du spectacle de sa vitalité. La politique remuante, la manie batailleuse d'un de ses princes l'avaient perdue; la sagesse pacifique d'un autre prince la sauva, et lui rendit la vie, la force et la prospérité. J'ai désigné assez clairement les temps si opposés de Charles IV et de Léopold.

Au moment où la Lorraine sortait des mains du bon et magnifique Henri II pour tomber dans celles de Charles IV, son neveu et son gendre, la situation était grave et solennelle : l'Europe était au plus fort de cette grande mêlée politique et religieuse qu'on appelle la guerre de Trente ans. Déjà deux princes protestants, le Palatin Frédéric V et Christian de Danemark s'étaient essayés contre l'Autriche ; ils avaient succombé. Le héros du nord, Gustave-Adolphe, venait d'entrer en lice à l'instigation de la France, intéressée, comme les princes allemands, comme le protestantisme, à abaisser la dynastie de Habsbourg et le pouvoir impérial, afin de rétablir l'équilibre européen rompu. La Lorraine, se rattachant à la fois à l'Empire, dont elle formait l'avant-poste et la frontière extrême, et à la France dont elle n'était séparée par aucune barrière naturelle, ne pouvait manquer d'être impliquée dans cet immense conflit. La France, pour conquérir l'Alsace, patrimoine de l'Autriche, l'Autriche, pour défendre cette province et pour atteindre la France, avaient également besoin ou de la mettre dans leur alliance ou d'occuper son territoire. Entre ces deux colosses qui brûlaient de se saisir, et se cherchaient des mains, qu'allait faire Charles IV ? Une neutralité absolue était, sans contredit, ce qui convenait le mieux à sa position et à sa faiblesse : mais cette neutralité, que des changements politiques et une cruelle expérience rendirent possible plus tard, l'était-elle en ce moment ? Je ne crains pas de dire : non. Charles IV n'hésita pas ; il se déclara pour l'Autriche et pour l'Allemagne. On ne peut l'en blâmer, car c'était son droit ; il crut en outre que c'était son devoir et aussi son intérêt. Chef d'un état que les traités plaçaient sous la protection et la défense de l'Empire, neveu de l'électeur de Bavière, catholique ardent comme tous les princes de sa race, adversaire décidé des protestants, que, jeune encore, il avait combattus à l'action de la Montagne-Blanche, soit qu'il considérât la puissance de l'Empereur, constamment vainqueur jusqu'ici, et dont le triomphe final ne faisait pour lui aucun doute, soit qu'il prît conseil de sa foi, il se sentait entraîné invinciblement vers l'Autriche. Il espérait d'ailleurs qu'une couronne d'électeur avec la Hesse ou le Palatinat pour fiefs, ou bien un accroissement de territoire pris sur les Trois-Évêchés et la Champagne, serait le juste salaire de ses services et de son dévoûment. Quelle fortune pour un duc de Lorraine! La France, au contraire, malgré les récentes unions de ses deux prédécesseurs avec des princesses françaises, et malgré les affinités de plus en plus prononcées de race, de langue et d'institutions, ne lui inspirait que défiance et répulsion. Il ne supportait qu'avec une impatience visible la suzeraineté de nos rois sur le Barrois mouvant, la juridiction spirituelle de l'évêque français de Toul, la présence de nos garnisons à Metz, à Toul, à Verdun, et le voisinage de notre intendant qui, de Metz où il siégeait, soulevait à tout propos des conflits de limites et de territoires. Pour s'assurer que la Lorraine ne tomberait jamais par un mariage dans cette odieuse maison de France qui avait absorbé tant de fiefs, il venait d'introduire, au mépris des droits de sa femme, vraie souveraine du duché, la loi salique dans ses états. Il aima mieux lier sa fortune à celle d'un empire féodal, dont la constitution, lâche et indécise, laissait beaucoup d'indépendance aux états particuliers, qu'à celle d'une monarchie où le pouvoir d'un seul réduisait les vassaux à n'être plus que des sujets : il ne se disait pas que la maison d'Autriche, si elle eût vaincu la Réforme, eût vite fait de l'Allemagne ce que les Bourbons faisaient alors de la France.

Au moment où Charles IV prenait une résolution où il allait risquer sa couronne et son peuple, la Lorraine était sans contredit un des pays les plus prospères de l'Europe. Sur un territoire accru par de récentes acquisitions, une population énergique et brave, fière de sa nationalité, laborieuse, doublée par quatre-vingts ans d'une paix profonde, vivait heureuse et satisfaite. L'agriculture, aussi développée que le permettait le servage, l'industrie dont certains produits étaient recherchés au loin, le commerce dont un système complet de routes, de foires et de marchés sollicitaient l'activité, répandaient dans toutes les classes l'aisance ou la richesse. Nancy, plus que doublé par l'enfantement d'une ville nouvelle, était une grande capitale avec ses monuments somptueux et son siége primatial, et une des plus fortes places de l'Europe, depuis que l'art moderne avait renouvelé et élargi sa haute ceinture de pierre. La petite cour ducale, puisant en toute liberté dans un riche budget, rivalisait en pompe, en luxe, en élégance avec la cour de France. L'art, cette fleur délicate des sociétés polies, brillait de l'éclat le plus pur : la peinture s'appelait Claude Gelée et la gravure Callot. L'Université de Pont-à-Mousson, qui, bien que la dernière en date, égalait déjà ses aînées, et dont nous connaissons les maîtres, les doctrines et la glorieuse histoire, grâce aux savantes recherches de deux de nos confrères, montrait ce qu'il y avait dans la nation lorraine de vie, d'intelligence et de force. Heureuse sous des princes qui n'avaient pas encore porté de trop sérieuses atteintes aux libertés publiques, ni commis de ces fautes qu'il est difficile d'oublier, la Lorraine bénissait leur pouvoir; elle professait pour eux un culte traditionnel, un attachement plusieurs fois séculaire : précieuse union qui devait survivre aux épreuves les plus douloureuses, aux désillusions les plus cruelles.

La même année avait vu l'avénement de Charles IV au trône de Lorraine et celui de Richelieu au ministère de France, comme si la Providence, par ces communs débuts, voulait marquer la conjonction fatale de ces deux destinées. Il est temps de nous demander quel était ce Charles IV qui allait se mesurer avec celui dont on pourrait dire plus justement que de Cromwell, « qu'il ne laissait rien

« à la fortune de ce qu'il pouvait lui enlever par
« conseil et par prévoyance ».

S'il est un prince que la nature ait gâté en l'ornant des plus beaux dons du corps et de l'esprit, on peut le dire, c'est le fils de François de Vaudémont. Grand, bien fait, avec une physionomie heureuse, des manières pleines d'aisance et une rare adresse à tous les exercices du corps, où il déployait autant de grâce que de force, il avait la compréhension facile, une éloquence naturelle et, chose bizarre chez un implacable ennemi de la France, un esprit tout français, fécond en à-propos et en pétillantes saillies. Mais, que peuvent les qualités les plus brillantes sans la raison qui nous apprend à en user, sans la vertu qui les achève et les consomme? Charles IV en est la preuve. On pourrait lui appliquer ce mot de la princesse Palatine qui disait de son fils qu'aucun don ne lui avait manqué, sinon celui de s'en servir. Il n'avait ni cette sûreté du jugement, ni cette étendue de l'esprit, ni cette force du caractère, ni cette délicatesse de la conscience et cette droiture du cœur qui font les bons princes et les grands hommes. Point d'autre règle que la passion ou le caprice. Chez lui, rien d'arrêté ni de suivi; une seule chose persistait, la mobilité, une mobilité qui faisait dire à Louis XIV : « C'est un esprit qui
« change dix fois en un jour. » Aussi, Charles fut-il l'homme des contrastes, pour ne pas dire des contresens : déloyal, avec quelque chose de chevaleresque

dans le caractère; sans dignité et même bas, avec un orgueil extrême de son rang; scandaleux dans sa vie privée et en révolte contre l'Église, malgré les éclats d'une piété démonstrative et intolérante. Son portrait, qu'on conserve pieusement à la Chartreuse de Bosserville, comme celui d'un fondateur, et qui doit être vrai, tant il est vivant, exprime bien ces contradictions de son esprit et de son caractère : il lui donne des traits heurtés, un regard dur, une physionomie étrange, presque farouche, marquant plus de violence que de force véritable, plus d'élan que de fermeté, plus d'emportement que de persistance. Il n'eut rien d'un politique, et, comme capitaine, les vertus maîtresses lui manquèrent. Sans déprécier le héros de Nordlingen, de Tudlingen, de Consarbrück, le prince qui, cinq années entières, disputa pied à pied ses états aux armées françaises, et qui fut plus d'une fois sur le point de les ressaisir, on doit reconnaître qu'il fut loin de Condé pour le génie, de Turenne pour la science, et qu'il n'eut l'art ni de combiner une campagne, ni d'administrer, de conduire, de manier de grandes armées. La hauteur des vues lui fit défaut. Il était de la race des Saxe-Weimar et des Mansfeld; comme eux, il se plaisait dans le tourbillon des choses, dans les hasards de la politique et de la guerre. N'est-ce pas lui qui dit un jour qu'il eût souhaité naître simple gentilhomme, pour voir jusqu'à quel point il aurait poussé sa fortune? Oui, voilà bien Charles IV ; « *habemus confidentem* » : c'était un chercheur d'aventures. Avec ses qualités et ses défauts, il allait réaliser cette prédiction de son sage prédécesseur : « Vous verrez que cet « étourdi perdra tout. »

Dès ses premières démarches, se révèle sa témérité. Ses préparatifs sont incomplets, ses moyens insuffisants ; il n'a pas même d'alliance arrêtée avec l'Autriche ; les conditions, le prix de son intervention n'ont pas été fixés. Pourtant, avec l'insouciante légèreté et l'impatience d'un enfant, il ose provoquer la France. Il trahit ses desseins hostiles en se mêlant aux cabales et aux révoltes des grands ; il donne asile aux mécontents, surtout au premier prince du sang, à l'héritier du trône, au frère du roi, qu'il marie secrètement avec sa propre sœur ; et, par ces imprudences, il attire sur lui toutes les forces de son puissant voisin, alors que les armées allemandes, aux prises avec les Suédois, étaient dans l'impossibilité absolue de le secourir. Qui ne connaît cette lamentable histoire, les trois invasions de Louis XIII et de Richelieu, les trois traités souscrits par Charles IV et par lui effrontément violés, la chute de sa capitale, son abdication dont il se repentit comme du reste, l'évasion de son frère auquel il avait transmis sa couronne, enfin l'effondrement de la monarchie ducale ? Je le répète, il avait le droit de préférer l'alliance autrichienne à l'alliance française ; mais avait-il le droit de protester sa parole, de fausser sa foi et de se faire un jeu des serments les plus sacrés ? Pour excuser des procédés sans nom, Dom Calmet affirme que Richelieu voulait déposséder Charles IV. Un si violent dessein ne ressort ni des documents authentiques ni des actes du ministre, qui ne demandait au début (et cela lui suffisait) que l'amitié du duc et le passage par ses états, pour porter la main sur les possessions de l'Autriche. C'est seulement lorsqu'il vit qu'il n'y avait point d'entente possible avec un prince follement entêté et odieusement parjure, qu'il prit le parti extrême d'occuper de force le duché.

Le sort de la Lorraine fut alors digne de pitié. A la merci de l'étranger, théâtre d'une guerre atroce, celle de l'Autriche et de la France, parcourue en tous sens, rançonnée sans pitié par les gens de guerre, Français et Suédois, Hongrois et Croates, et même par les Lorrains des bandes de Charles IV, qui détruisaient les récoltes, brûlaient les villes et rasaient les châteaux, elle passa par toutes les extrémités de la conquête et de la guerre. L'industrie, le commerce étaient anéantis ; la culture même était abandonnée. Les paysans affamés, fuyant à la lueur de leurs chaumières incendiées, s'enfonçaient dans les bois pour y vivre comme des bêtes fauves, ou bien prenaient le mousquet, et, brigands par désespoir, consommaient la ruine du pays qu'ils n'avaient pu défendre. La vie barbare semblait recommencer. Ce que le glaive avait épargné, la peste et la famine le frappaient, et d'autant plus sûrement, que la douleur et la misère avaient préparé l'œuvre de la destruction. On revit, nous dit un contemporain, toutes les horreurs du sac de Jérusalem par les soldats de Titus. Callot, mort en 1635, ne fut pas témoin de ces catastrophes inouïes : si son œuvre eût daté de 1639, quelles pages nous eût laissées son énergique burin !

Pendant que la Lorraine agonisait expirante, que faisait celui pour qui, selon l'expression d'un chroniqueur du temps, « elle souffrait le martyre » ? Il bataillait à l'étranger ; il déployait son adresse et sa grâce dans les carrousels de Bruxelles ; ou bien il courtisait Béatrix de Cusance, qu'il épousa plus tard, du vivant même de la duchesse Nicole, et au mépris des foudres pontificales. Dans son immense égoïsme, il ne pensait qu'à ses malheurs, qu'il trouvait « incroyables », sans s'inquiéter des maux immérités de ses pauvres sujets, qui excitaient la pitié même des envahisseurs. Et cependant la fidélité de la Lorraine ne se lassa point. Comme ces femmes héroïques que le sort a unies à d'indignes époux, elle ne cessa de soupirer après son duc, oubliant les libertés du pays violées, les antiques Assises abaissées, les États-Généraux suspendus et sa misère présente, triste fruit d'une politique aventureuse et déloyale, pour ne voir dans celui qui l'avait perdue que le symbole vivant de l'indépendance nationale : touchante fidélité, dont Callot avait le premier donné un mémorable exemple, et qui arrachait au roi de France des exclamations d'admiration et d'envie.

Il y eut pourtant une éclaircie dans l'horrible tempête; mais elle fut courte. Richelieu ayant atteint son but, c'est-à-dire conquis l'Alsace, n'avait plus besoin d'occuper la Lorraine : il la rendit à Charles IV qui, malgré les engagements les moins équivoques, les serments les plus solennels, à peine rétabli, se reprit à conspirer, sans souci de son peuple qu'il vouait à de nouvelles misères; car maintenant que l'Autriche était vaincue, de quel chimérique espoir pouvait-il se bercer? Détrôné une seconde fois, il n'eut pas honte, lui, prince souverain, de se mettre à la solde de l'Autriche et de l'Espagne. Quel rôle, Messieurs, pour un petit-fils de ce Charles III qui, au temps de nos guerres civiles, avait porté si haut le prestige de la Lorraine et mérité le surnom de Grand! Ce que Charles IV fut alors pour ses alliés montre suffisamment ce qu'il avait été pour ses adversaires, et donne pleinement raison aux rigueurs de Richelieu. Il les fatigua de ses perfidies, et la captivité qui en fut le châtiment, captivité qu'il supporta sans dignité comme l'exil, mendiant, pour y mettre fin, les bons offices de Cromwell, ne trouva son terme qu'au traité des Pyrénées.

Remonté sur le trône après vingt-cinq ans d'épreuves, Charles IV fit voir qu'il est des hommes pour lesquels le malheur n'a point de leçons : il ne fut ni plus généreux ni plus sage. Il paya de la plus noire ingratitude l'admirable dévoûment de ses sujets, achevant de renverser leurs chères libertés pour y substituer les caprices d'une volonté despotique; comme si l'amour de ses fidèles Lorrains n'eût pas été son bien le plus précieux. Il conclut traités sur traités avec Louis XIV, et ces traités, il les viola sans pudeur, entassant de nouveau parjures sur parjures. C'était folie à lui de s'attaquer à la France, maîtresse incontestée de l'Alsace, et pressant désormais la Lorraine de toutes parts. Louis XIV le lui fit sentir; il renversa d'un souffle ce pygmée qui osait braver le géant. Charles reprit la route de l'exil et sa lutte à outrance, sans espoir, contre la France. Il y aurait quelque grandeur dans cette haine persistante qui, comme celle d'Annibal, ne cessa qu'avec la vie, s'il ne l'avait déshonorée par des actes de déloyauté et de bassesse. Aux yeux de la sévère histoire, Charles IV ne sera jamais qu'un souverain de théâtre, un aventurier chimérique, un condottière enfin, qui en eut tous les dehors brillants, mais aussi tous les vices, et le plus vil de tous, la fausseté. Il prouve, par son exemple, cette triste vérité : c'est qu'il suffit d'un chef dépourvu de jugement et de sagesse, pour perdre, malgré les mâles vertus qu'elle a reçues du ciel, la nation la plus sensée, la plus héroïque et la plus dévouée.

Avec Charles V se prépare une ère nouvelle. Ce

prince avait tout d'un grand homme, l'esprit, le caractère, le cœur ; pour l'être réellement, les occasions seules lui manquèrent. Chez lui, tout, idées, sentiments, conceptions militaires, vues politiques, tendait et arrivait au grand, naturellement, sans effort, sans pose théâtrale, sans hauteur surtout; car ce goût pour le grand, qui a parfois ses écueils, était tempéré par une sagesse, une bonté, une modestie qui avaient leur source dans une haute raison, dans une piété aussi éclairée que profonde. Il ne put être qu'un héros, le héros de la foi dans ses croisades contre les Infidèles, le héros du malheur dans ses luttes infructueuses contre la France. S'il ne réussit pas à reconquérir ses états par la force des armes, ni à les recouvrer par la diplomatie, du moins il refit le nom et la fortune de sa famille, dont il rendit le rétablissement possible, en lui créant, par d'éclatants services, des titres à la reconnaissance de l'Autriche, de l'Europe, de la Chrétienté. L'émule des Montecuculli, des Créqui, des Luxembourg travaillait pour son fils, il travaillait pour sa chère Lorraine sur les champs de bataille de Vienne, de Waitzen, de Gran et de Mohacz. Certes, il eût été digne de remonter sur le trône de ses pères et de régner sur ce peuple lorrain, à la fois si fidèle, si vaillant et si sage. Une fois, il crut toucher au but; la fortune des armes le porta à sept lieues de sa capitale. Il avait mis sur ses étendards cette touchante devise : « *Aut nunc, aut nunquam,* maintenant ou jamais » : ce fut jamais! L'armée supérieure de Créqui le força de reculer; jamais il ne revit plus sa Lorraine bien-aimée. Nul doute que, s'il lui avait été donné de s'accommoder avec Louis XIV, il n'eût tenu ses engagements, et qu'il n'eût été, avant Léopold, le restaurateur de la patrie. Mais il avait l'âme trop haute pour accepter une situation humiliante. Lorsqu'un destin prématuré l'enleva dans la force de l'âge, l'Allemagne entière le pleura, le Grand Roi lui rendit une éclatante justice, personne en France ne songea à se réjouir, et La Bruyère, dans ses Jugements, burina son éloge en quelques lignes : rare et splendide hommage décerné à la vertu! héritage précieux pour son fils Léopold, en faveur duquel l'Europe, sept ans plus tard, releva le trône abattu de Gérard d'Alsace!

Ce fut un beau jour pour la Lorraine que celui où, le dernier Français ayant franchi la frontière, ses fiers enfants, si longtemps courbés sous une loi étrangère, se sentirent libres dans leurs foyers. Hélas! Messieurs, nous avons connu ce soulagement patriotique; pourquoi nous a-t-il été donné d'en savourer l'amère douceur? Ce fut un plus beau jour encore, car la joie en fut sans mélange, que celui où Léopold entra triomphalement dans sa belle ville de Nancy, loin de laquelle il était né, loin de laquelle il avait grandi, et se trouva pour la première fois face à face avec son peuple. L'enthousiasme populaire accueille toujours les princes qui prennent possession de leur trône, comme pour marquer l'espoir que la nation met en eux, et que, malheureusement, ils ne justifient pas toujours. Cette fois, il y avait quelque chose de plus : c'était une dynastie nationale, c'était la nationalité elle-même qui rentrait avec Léopold. Aussi l'enthousiasme fut indescriptible, et cette fois, il ne fut pas déçu, car le souverain était digne de la nation. Dans les catastrophes qui précèdent, tandis que le prince, politique imprévoyant, aventureux, incapable, assumait avec une légèreté incroyable la responsabilité de toutes les fautes, le peuple, héroïque dans la résistance, inébranlable dans la fidélité, sublime dans le dévoûment, avait donné le spectacle des vertus les plus solides. Il ne lui fallait qu'une bonne direction pour remonter au rang d'où d'insignes folies l'avaient fait déchoir. Le règne de Léopold allait prouver combien la raison qui se possède et la sagesse pacifique qui fonde l'emportent sur l'ambition batailleuse qui provoque les tempêtes et ne fait que des ruines.

Il y a un grave écueil pour les souverains qui, sortant des profondeurs de l'exil, viennent prendre inopinément le gouvernement d'un peuple : c'est l'ignorance. Léopold était plus qu'un exilé pour la Lorraine, c'était un inconnu. Élevé à la cour de Vienne, il ne connaissait ses états et ses sujets que par ouï-dire, ou bien par l'étude qu'il avait faite de leur histoire, de leurs ressources, de leurs institutions, de leur caractère : connaissance qui a son prix sans doute, mais qui, sèche, incomplète, ne vaut jamais celle qu'on doit à la vue des choses, au contact des hommes, à cette pénétration inconsciente et incessante qui se fait entre ceux qui vivent dans le même milieu. Un autre écueil pour Léopold, c'était sa grande jeunesse : il n'avait que dix-neuf ans. Combien y en a-t-il qui, à cet âge, loin d'être capables de gouverner les autres, le sont à peine de se gouverner eux-mêmes ! Mais Léopold apportait sur le trône une maturité précoce et une expérience acquise à l'école du malheur. Ce même exil qui l'avait rendu étranger à ses sujets, avait, par une heureuse compensation, formé son jugement, développé sa raison, accentué de bonne heure les côtés sérieux de son caractère. D'ailleurs, ne l'oublions pas, il était le fils de Charles V, et il avait été formé par une mère, l'Autrichienne Éléonore, qui, d'abord reine de Pologne, avait, dans des circonstances délicates, donné des preuves d'une haute sagesse et d'un esprit politique au-dessus de son sexe. Des goûts pacifiques qui n'excluent pas le courage, la patience et la douceur jointes à la fermeté, un esprit judicieux qui sait tenir compte du temps et des circonstances et ne chercher que le possible, une instruction solide et étendue, la conscience du devoir puisée dans une religion large et éclairée, par-dessus tout, la passion du bien public, voilà, si je ne me trompe, les vertus d'un réformateur : c'étaient aussi celles de Léopold, nouveau Charles V, avec autant de cœur, quoique avec moins de génie. Il y joignait un sentiment très-vif de sa dignité de prince et une jalousie du pouvoir, bien naturelle chez un contemporain de Louis XIV, tempérée d'ailleurs par une affabilité exquise. Il n'avait qu'un défaut, un défaut de famille, une générosité excessive et un penchant pour le faste, regrettable dans le chef d'un état qui sortait des ruines : défaut bien général, il faut croire, au temps de Léopold, puisqu'il fut celui de Frédéric Ier, représentant de la race royale la plus parcimonieuse dont il soit parlé dans l'histoire.

Bien que la seconde invasion française, prise de possession régulière du territoire, n'eût point ramené les misères de la précédente, on peut dire qu'à l'avénement de Léopold, il n'y avait que des ruines : nation, gouvernement, administration, commerce, industrie, tout était à terre. Léopold comprenant qu'on ne pouvait rien faire sans une paix profonde et durable, inaugura une politique nouvelle, la seule qui convînt à un état faible, et qui pût sauver son indépendance, celle qu'il eût fallu suivre depuis que la France, maîtresse de l'Alsace, étreignait de tous côtés la Lorraine, une politique de « juste-milieu », comme l'a appelée Voltaire, c'est-à-dire de neutralité absolue entre l'Allemagne et la France. Neveu de l'Empereur par sa mère, neveu de Louis XIV par sa femme, sœur du Régent, il resta simple spectateur de la guerre de la succession d'Espagne, et dans tous ses rapports avec le roi de France, auquel il avait fait hommage pour le Barrois mouvant, il se montra plein de ménagements, jusqu'à mutiler l'histoire de Dom Calmet, qui s'était montré trop sévère pour la France, jusqu'à supporter, sans faire d'éclat, la réoccupation d'une partie de ses états et de sa capitale. Cette politique porta ses fruits : la Lorraine, déclarée neutre, fut respectée de tous; et tandis que la guerre déchaînait ses fléaux sur l'Europe entière, seule elle goûta un repos qui lui permit de se refaire. Si, vers la fin de ce grand conflit, Léopold caressa quelques rêves ambitieux, il y mit tant de prudence, que sa situation ne fut pas compromise; et si, plus tard, il ne réussit pas à serrer avec la France les nœuds les plus étroits, en faisant épouser une de ses filles à Louis XV, il obtint que le cardinal Fleury reconnût la neutralité perpétuelle de la Lorraine : ce fut le triomphe de sa politique, politique habile à force d'être honnête.

Pour juger équitablement le gouvernement de Léopold, il faut nous dégager de nos préoccupations modernes, et ne pas lui demander ce qu'il ne pouvait donner. Il était le contemporain de Louis XIV, du Régent, du duc de Bourbon, du cardinal Fleury ; l'*Esprit des lois*, le *Contrat social*, n'avaient pas encore paru, et Voltaire admettait volontiers que le pouvoir fût sans limites, pourvu qu'il s'en imposât à lui-même. Léopold fut de son siècle : il gouverna en maître absolu comme les Bourbons, ou plutôt comme ses parents d'Autriche, dont le pouvoir paternel lui servit de modèle. Il ne rétablit pas les vieilles libertés nationales, les États-Généraux, le tribunal des Assises renversés par Charles IV : restauration impossible peut-être après une si longue vacance et après cinquante-deux ans de dictature étrangère, inopportune dans tous les cas, alors qu'il fallait tout refaire, refaire vite, et accomplir au profit du peuple des réformes indispensables. Il retint toute l'autorité qu'il confia à des ministres dociles tirés du corps des anoblis. Son mérite fut de n'employer qu'au bien ce pouvoir discrétionnaire, qu'il tempéra d'ailleurs, en donnant à la Cour Souveraine et aux Cours des Comptes le droit d'enregistrer les ordonnances ducales et de faire des remontrances. Il rendit à la nation un service inappréciable en achevant de briser les cadres surannés de la féodalité lorraine, entamés par Richelieu qui avait fait raser les forteresses seigneuriales, par Charles IV qui avait anéanti les Assises. L'abolition de ce qui restait encore de la mainmorte et le droit d'héritage assuré partout aux tenanciers, les sentences des seigneurs soumises à la révision de la Cour Souveraine, une protection efficace donnée aux petits contre les injustices des grands, sont des bienfaits de Léopold.

Il ne faudrait pas demander à ce prince une tolérance qui n'était alors ni dans les idées ni dans les mœurs, pas plus en France, pas plus en Angleterre qu'en Lorraine. Il combattit le Jansénisme; il éloigna le peu de protestants que n'avait pas atteints la révocation de l'édit de Nantes; il établit l'unité de foi : mais on doit lui rendre cette justice que sa conduite, exempte de violences contre les personnes, fut inspirée par les élans d'une conviction sincère, non par les froids calculs de l'égoïsme politique. Si profondes que fussent en lui les convictions du chrétien, elles n'enlevaient rien, hâtons-nous de le constater, à l'indépendance du souverain ; et l'on vit cet enfant dévoué de l'Église, prenant ses précautions contre les entreprises de la cour de Rome, interdire la publication de toute bulle dans ses états sans l'autorisation de la Cour Souveraine.

A peine un pouvoir sage et national présidait-il aux destinées de la Lorraine, que l'ordre renaissait partout. Une maréchaussée de police et de justice, comme la Sainte-Hermandad d'Espagne, réprimait le brigandage et rétablissait la sûreté des grands chemins. Une distribution moins parcimonieuse et plus rationnelle des tribunaux rassurait les bons, faisait trembler les méchants, garantissait à tous la protection des lois. Un code imité de Louis XIV réglait l'organisation judiciaire, la procédure, le régime des eaux et forêts. Les routes, rectifiées et multipliées, gravissaient les collines, franchissaient les ravins, établissaient entre toutes les parties du territoire une liaison utile et féconde. C'est ainsi que Léopold, selon son expression, débrouillait le chaos de la Lorraine. En bien des choses il devança son temps, dotant son petit état de réformes que la France ne devait obtenir qu'au prix des longues épreuves de sa révolution. La division régulière du territoire en arrondissements, la création de municipalités en partie élues, l'établissement d'un cadastre pour l'égale répartition de l'impôt, l'abolition définitive du droit injuste de mainmorte, un système de libre concurrence appliqué à l'industrie, la suppression du droit d'aubaine, sont dus à l'esprit éclairé, à l'initiative prévoyante, à la fermeté de Léopold qui sut, mieux que Louis XVI, comprendre la gravité des abus, la nécessité des réformes, et imposer ces réformes aux privilégiés récalcitrants.

Grâce aux mesures habiles d'un prince si avisé, la Lorraine jouit d'une prospérité telle qu'elle n'en avait connu de semblable en aucun temps. La terre, féconde depuis que le laboureur se sentait maître de son bien, et depuis qu'un soldat avide ne venait plus lui ravir les fruits de son travail, se couvrait de riches moissons, dépassant les besoins d'une population qui pourtant ne cessait de croître. Les fabriques, les usines s'élevaient comme par enchantement. On déchirait les entrailles du sol pour lui arracher les trésors qu'il recélait. On forgeait les métaux; on donnait au verre flexible les formes les plus variées ; on tissait des étoffes pour le riche et pour le pauvre, et de leurs détritus on fabriquait un papier dont l'éclatante blancheur était renommée dans toute l'Europe. Le travail était partout, aux champs, à l'atelier, et un commerce actif en distribuait au loin les abondants produits. Le paysan, le bourgeois, le gentilhomme lui-même, tous écrasés, ruinés par la conquête française, se voyaient ramenés aux beaux jours de Charles III. L'aisance des villes se révélait par des monuments utiles ou somptueux ; l'opulence des seigneurs par des hôtels construits dans les cités, ou bien par des châteaux qui s'élevaient fièrement au milieu de leurs domaines. La population décimée par un demi-siècle de guerre, par la peste, par la famine, par tous les fléaux réunis, se reformait avec une rapidité dont on a peu d'exemples. Après treize ans seulement du règne de Léopold, elle avait repris son niveau ; huit ans après sa mort, le total avait presque doublé. Restons-en sur ces chiffres ; ils ont leur éloquence ; à eux seuls, ils disent tout : ils sont l'éloge le plus court, le plus vrai, le plus solide du gouvernement de Léopold.

La Lorraine ne lui dut pas seulement le bien-être matériel ; elle lui dut une nouvelle floraison des lettres et des arts. Il ne nous appartient pas d'en retracer le brillant tableau ; nous n'avons qu'à marquer le rôle de Léopold : il fut grand et digne de lui. Celui qui, dès le jeune âge, nourri dans le culte des lettres, parlait aisément quatre langues ; qui élargit les bases de l'Université de Pont-à-Mousson, et fonda une Académie des Beaux-Arts qui était en outre une école ; qui avait ouvert une bibliothèque dans son palais de Lunéville et, à l'instar de Charlemagne, un institut princier où les cadets de l'Allemagne venaient s'initier aux secrets des sciences ; celui qui mit en évidence votre historien national, et qui, selon le mot de Voltaire, allait chercher les talents jusque dans les boutiques et les forêts ; qui faisait venir des architectes de France et d'Italie, et entretenait de jeunes Lorrains dans les ateliers artistiques de Florence et de Rome ; enfin, celui qui releva deux fois le château de Lunéville, renversé par la guerre ou dévoré par les flammes, et l'orna d'un théâtre et de jardins féeriques, qui dota Nancy d'un nouveau palais ducal, d'une salle d'opéra et de sa dernière cathédrale, celui-là ne fut-il pas, après Louis XIV, le mieux inspiré et le plus magnifique des Mécènes ?

Il aimait en effet le beau, et, malgré sa sagesse, il l'aima dans sa manifestation la moins légitime, le luxe. Sa cour de Lunéville, où Voltaire retrouvait Versailles, en avait toutes les politesses et toutes les splendeurs ; elle en avait aussi la noble hospitalité, comme l'éprouvèrent Jacques III, forcé par la haine de l'Angleterre à quitter Saint-Germain, et Stanislas, chassé par Pierre le Grand de son royaume de Pologne. Léopold, comme Louis XIV, avait l'art de donner; mieux que lui, dans les fêtes de cour, il savait garder sa dignité; pas plus que lui il n'échappa au goût exagéré du faste et de la dépense : ce fut sa seule faiblesse. Les finances de son petit état s'en ressentirent plus d'une fois, et il eut le tort, pour les rétablir, d'essayer d'expédients imités du système de Law. Disons, pour être juste, qu'en perfectionnant l'administration, il l'avait rendue plus coûteuse, et qu'il ne voulut jamais, pour en couvrir les frais, ni surcharger ses sujets d'impôts, ni faire un odieux trafic des charges de magistrature.

Où nous retrouvons Léopold, où il est admirable, où il se montre à nous avec une incomparable grandeur, c'est quand il s'agit de défendre son peuple contre un de ces fléaux devant lesquels la science humaine recule parfois impuissante. C'est là que le cœur, doublant chez lui l'intelligence, lui inspire les mesures les plus justes, les plus efficaces et les plus promptes. C'est là qu'il déploie avec simplicité, sans ostentation, sans emphase, l'héroïsme stoïque d'un chrétien. Tel il se montra dans la grande famine de 1709, si fatale à la France, et qui, grâce au bienfait d'une paix profonde, grâce à la prévoyance admirable du souverain, ne fit qu'effleurer la Lorraine. Et quand la peste de Marseille, remontant tout à coup au nord, vint fondre sur ses états, quelle prudence, quelles précautions minutieuses, quelle sagesse pratique et surtout quel devoûment! Il éloigne, il disperse sa famille, sa femme, ses enfants, espoir de sa dynastie et de la Lorraine renaissante. Mais lui reste, pour mourir s'il le faut, au milieu de son peuple, en face du danger, au poste de combat, soutenant ceux qui souffrent et donnant l'exemple à tous. C'est là, oui, c'est bien là qu'est la gloire la plus pure de Léopold.

Ils sont rares dans l'histoire les princes qui, dédaignant les fumées d'une vaine gloire et le renom de conquérants, payé de tant de misères, consacrent tout ce qu'ils ont de talent, de volonté et de force à la réforme de leurs états, au bonheur de leurs sujets : rôle moins brillant sans doute, mais qui leur vaut les bénédictions des hommes dans le présent et la renommée la plus pure dans l'avenir. Quand on a cité un Adrien, un Antonin, un Marc-Aurèle, qui ne fit que des guerres de défense, un saint Louis, belliqueux seulement contre les Infidèles, on en a épuisé la liste trop courte, hélas! Léopold fut, au XVIII° siècle, après les grandes guerres de Louis XIV, et à la veille de celles que Frédéric II allait remplir de son nom, un de ces héros de la paix, un de ces sages couronnés, qui, n'ayant travaillé que pour le bien de leurs semblables, goûtent de leur vivant, comme l'a dit Voltaire, le bonheur d'être aimés, et rayonnent dans l'histoire d'une clarté douce et pure. Cette gloire sans larmes de Léopold fut consacrée par la philosophie du temps, qui le proposa en exemple aux plus grands rois. C'est qu'il réalisait pour elle le type du parfait souverain, qui, père de ses sujets, ne voit dans le rang suprême d'autre privilége que celui d'être l'artisan de leur félicité.

Quel doux, quel consolant spectacle que celui de la Lorraine, au sortir de catastrophes inouïes, arrachée à ses ruines, restaurée, transformée, rajeunie par Léopold, respectée de ses voisins, en sûreté sur ses frontières, honorée dans son chef! Elle avait mieux que la puissance, mieux que la gloire: elle avait l'ordre, la paix et, avec elle, ces biens matériels, ces richesses intellectuelles et morales qui font la prospérité, l'éclat et le bonheur d'une nation. Rien ne prouve mieux qu'il n'y a pas de fatalité dans l'histoire, et que les peuples, comme les individus, se font leur destinée : heureuse et belle, s'ils usent bien de leur liberté, et s'ils suivent avec leurs chefs les conseils de la sagesse; funeste, s'ils s'abandonnent aux rêves décevants et aux dangereux calculs d'une inquiète ambition. Sans doute, la liberté n'est pas toujours aussi visible; parfois elle disparaît derrière la multitude, la complexité, la grandeur des événements. Mais faut-il la nier pour cela? Non, une collection d'êtres libres ne saurait être le jouet d'une aveugle fatalité.

Messieurs, la Lorraine, remontée si vite, à force de sagesse, et grâce à trente-deux ans de paix, au rang des états les plus prospères, est un exemple et un encouragement pour nous, qui, après avoir connu ses fautes, avons connu ses malheurs. Elle nous montre ce que peuvent la volonté, l'intelligence, l'activité bien dirigées d'un peuple; elle autorise nos patriotiques espérances. Et, Messieurs, tout ne nous dit-il pas que cet espoir n'est pas seulement une illusion? Notre crédit renaissant au lendemain de nos désastres, et l'Europe s'associant avec confiance au paiement de notre rançon; nos finances rétablies avec une rapidité qui tient du prodige, et l'impôt légèrement porté parce qu'il s'agit de l'honneur et de la sécurité du pays; notre armée réorganisée avec la même ardeur, et cet autre impôt, l'impôt du sang, accepté avec abnégation par notre vaillante jeunesse; le rôle honorable joué dans un récent congrès par notre diplomatie, toujours généreuse, toujours humaine; les peuples courant, à notre appel, au grand tournoi du travail, l'hospitalité magnifique reçue par eux dans ce Paris, qui sera toujours, malgré tout, la capitale de l'urbanité, de l'élégance et du bon goût; ces merveilles sorties des mains de nos travailleurs, et qui témoignent une fois de plus du génie industriel et artistique de notre race, tout cela n'atteste-t-il pas que la France est toujours pleine de sève, et que, si elle n'est plus, selon le mot emphatique de Napoléon, « la Grande Nation », elle est toujours une grande nation!

www.ingramcontent.com/pod-product-compliance
Lightning Source LLC
Chambersburg PA
CBHW060559050426
42451CB00011B/1996